해변이 정말로 사라지고 있을까?

민음 바칼로레아 053

해변이 정말로
사라지고 있을까?

롤랑 파스코프 | 전효택 감수 | 김성희 옮김

민음in

● 일러두기

1 본문 가장자리에 있는 사과 ● 는 이 책을 통해 반드시 이해해야 하는
　핵심 개념을 표시한 것입니다.
2 본문 아래쪽의 주는 독자들이 본문 내용을 쉽게 이해할 수 있도록 한국어판에 특별히 붙인 것입니다.
3 인명 및 지명 표기는 한글 맞춤법 통일안 및 외래어 표기 규정을 따랐습니다.
4 본문에 사용한 부호 및 기호의 뜻은 다음과 같습니다.
　　─ 전집, 단행본:『 』
　　─ 신문, 잡지:《 》
　　─ 개별 작품, 논문, 기사:「 」

차례

질문 : 해변이 정말로 사라지고 있을까?

현재 세계 곳곳에서 많은 해변들이 바다의 공격에 땅을 내맡긴 채 무너지고 있다. * 이러다가는 해변이 정말로 사라지지

● ● ●

동해안 해변 침식 "울진 봉평 해수욕장. 이곳은 수십 미터 너비로 이어지는 희고 고운 백사장과 해안가 소나무숲으로 10년 가까이 피서객을 끌어 모았던 유명 바닷가였다. 그러나 11일 찾아간 봉평 해수욕장은 공사장을 방불케 했다. …… 30미터 이상 넓게 펼쳐졌던 백사장은 2, 3미터로 줄었고 해안가에 들어선 음식점들은 바닥에 있던 모래가 쓸려 나가면서 콘크리트 바닥이 훤히 드러나 붕괴 위험에 시달리고 있었다. …… 동해 바다 해변이 급속히 사라지고 있다. 최근 2, 3년 사이에 벌어지고 있는 일이다. 이대로라면 몇 년 안에 포항, 영덕, 울진 등지 동해안 곳곳의 해수욕장은 사라질 운명이고, 해변에 있는 집이나 가게는 넘실대는 파도에 당장 자리를 내줘야 할 판이다. …… 실제로 해양수산부가 2003년부터 집중 모니터링하고 있는 전국 62곳의 침식 위험 지구 중 경북 지역 해안은 모두 6곳으로 강원(18곳)과 충남(16곳)에 이어 세 번째로 많다."(2006년 12월 12일자 매일신문)

않을까 걱정이 될 정도다.

🍎 해변은 파도와 **연안류**˚가 실어 온 모래와 자갈이 쌓여 이루어진 곳이다. 몇 세기 전까지만 해도 대부분의 해변은 텅 빈 상태로 오랫동안 내버려져 있었다. 해변은 지반이 단단하지 못해 시설물을 짓기 어려운데다가, 동식물 자원도 거의 없기 때문이다. 그런데 오늘날에는 이런 해변이 높은 평가를 받고 있다. 특히 온대와 열대 지방의 해변은 최근 수십 년간 가장 멋진 해수욕 관광지로 환영받고 있다.

우리 삶에서 관광 자원의 사회경제적인 역할이 커지고 있는 만큼 해변의 가치도 점점 높아지고 있다. 역사학자 알랭 코르뱅˚은 이런 현상을 가리켜, '해변 욕망'이 버려진 빈 땅을 발디딜 틈도 없이 북적거리는 땅으로 바꿔 놓았다고 평했다.

최근 해변에는 두 가지 뚜렷한 변화가 일어나고 있다. 첫째,

● ● ●

연안류 해안으로부터 수십 킬로미터에 이르는 해역에서 볼 수 있는 바닷물의 흐름이다. 연안류는 해안을 따라 거의 평행하게 흐르고 변화가 별로 없다.
알랭 코르뱅(1936~) 프랑스의 노르망디 지방 오른에서 태어났다. 투르의 프랑수 아라블레 대학교의 현대사 교수를 역임했으며, 1987년부터 파리 1대학 교수로 재직하고 있다. 저서로는 『시간, 욕망 그리고 공포』, 『창부 : 19세기 성적 비참함과 매춘』, 『악취와 수선화, 냄새와 사회적 상상력, 18~19세기』, 『텅 빈 영토 : 서양에서의 주변적 욕망』, 『여가의 도래, 1850~1960』 등이 있다.

사람들이 바다에 아주 근접한 땅까지 무분별하게 점유한 것이다. 둘째, 해변과 가까운 곳에 있는 건축물들이 침식과 침수 피해를 당하기 시작한 것이다.

오래전부터 사람들은 이런 변화들이 해변의 위기를 알리는 전조라고 생각해 여러 가지 해결책을 사용해 왔다. 그런데 오늘날에는 이런 방법들이 해변이 사라지는 것을 막지 못하는 것으로 밝혀져 오히려 문제가 되고 있다. 그동안 어설픈 해결책들이 해변을 지키기는커녕 돌이킬 수 없는 환경 파괴를 불러오고 있었던 셈이다.

유럽 위원회는 이런 상황을 방치할 수만은 없었다. 나날이 '바다에 대한 방어' 비용이 커진다는 것도 큰 문제였다. 한 자료에 따르면, 2001년 한 해 동안 유럽 연합(EU)*이 이 문제 때문에 쏟아 부은 돈만 해도 무려 32억 유로(약 3조 8944억 원)에 달했다! 이에 따라 유럽 위원회는 2002~2004년 사이에 해변의 침식과 감소에 효과적으로 대응하기 위한 '유럽 해안 침식 관리 프로젝트'를 추진했다. 이 프로젝트의 목표는 국제 기관

●●●

유럽 연합(EU) 유럽의 정치 · 경제 통합을 위해 1993년 마스트리히트 조약에 따라 유럽 공동체 12개국이 결성한 기구이다.

이 해변을 지키기 위한 명확한 실천 방법을 제시하도록 하는 것이다.

　오늘날, 우리가 해변을 지키기 위해서는 새로운 기술이 절대적으로 필요한 실정이다. 그런데 이런 기술은 우리가 해변에 대한 폭넓고 깊은 지식을 가지고 있을 때에만 가능한 것이다. 그러면 지금부터 해변의 본질과 해변이 겪고 있는 침식 위기의 원인이 무엇인지부터 살펴보기로 하자. 그리고 나서 바다에 정면으로 맞섰던 지금까지의 방법 대신 바다와 조화를 이루며 해변을 지킬 수 있는 새로운 해결책을 찾아볼 것이다.

1

해변이란
무엇인가?

해변은 무엇으로 이루어질까?

해변은 바다가 실어 온 모래나 자갈 따위의 퇴적물이 쌓여 있는 해안 구역이다. 해변에 쌓인 퇴적물은 한자리에 고정되어 있지 않고, 파도와 연안류를 타고 끊임없이 움직인다. 또 퇴적물 중 자갈보다 훨씬 가벼운 모래는 바람에 실려 날아가기도 한다. 해변은 이처럼 쉼 없이 변하는 역동적인 자연계이다.

해변을 이루는 모래와 자갈은 시멘트를 발라 굳혀 놓은 것이 아니어서 자유롭게 움직일 수 있다. 파도가 **조간대**˚로 밀려 🍎

●●●

조간대 밀물과 썰물의 주기적인 상승·하강 운동에 의하여 침수와 노출이 반복되는, 평균 만조와 평균 간조 사이의 해역을 가리킨다.

와 부서지면, 해변의 모래와 자갈은 그 파도를 타고 멀리 실려 가기도 한다. 이런 이동 과정에서 모래와 자갈은 마모되어 간 다. 거칠고 굵은 모래는 가늘고 고운 모래가 되고, 모서리가 거 친 자갈은 공이나 원반 모양을 띠면서 둥그스름해진다.

따뜻한 바닷가의 해변은 흔히 밝고 매력적인 색깔을 띤 퇴 적물로 이루어져 있다. 퇴적물에 조개껍데기와 산호 조각이 많 이 섞여 있기 때문이다. 반면 화산 지대 해변의 퇴적물은 거무 스름한 암석이 많이 섞여 있어 어둡게 보인다.

위에서 내려다 봤을 때 해변의 모양은 여러 가지이다. 그중 에서도 만 안쪽에 있는 해변은 대부분 원호를 그리는 듯한 모 양이다. 물론 긴 거리에 걸쳐 직선을 이루는 해안선도 있다. 또 대부분의 해변은 대륙에 맞닿아 있지만, 대륙에서 멀리 떨어진 곳까지 이어지는 해변도 있다. 만의 입구를 막아 석호를 만드 는 **사주**˚가 바로 그런 경우다. 이외에도 모래나 자갈처럼 쉽게 이동하는 퇴적물이 바다를 향해 줄지어 쌓여 뾰족한 끝을 이루 고 있는 **곶**˚도 있다.

● ● ●

사주 파도에 실려 온 모래와 같은 퇴적물이 해변에서 가까운 바다에 쌓여 생긴 언덕이다. 사주는 바닷속에 있기도 하고, 일부가 해수면 위로 드러나기도 한다.

해변은 육지 쪽에서 바다 쪽으로 완만하게 경사져 내려가다가 바다와 맞닿는 부분에서는 대개 반달 모양을 이룬다. 만조 때 바닷물이 실어 온 퇴적물이 쌓여 있는 해변 상부는 계단식 모양이고, 해변 하부는 언제나 물에 잠겨 얕은 수심을 유지하며 해변 앞바다까지 계속 이어진다. 이때 해변 앞바다나 모래 해변 가장자리에 있는 사구°도 해변 시스템의 일부로 볼 수 있다.

무엇이 퇴적물의 이동 방향을 바꾸는 것일까?

해변에 쌓이는 퇴적물의 기원은 다양하다. 그중 일부는 연안 지대에서 오는 것이다. 하지만 요즘에는 그 양이 별로 많지 않다. 물론 지금도 파도는 연안 지대 해안의 무른 바위를 깎아

● ● ●

곶 바다로 돌출한 육지이다. 우리나라에서는 경상북도 포항 지방에 있는 장기 반도의 끝이 대표적이다. 곶보다 규모가 크면 반도라고 부른다. 육지가 침강하면 골짜기는 만이 되고, 산줄기는 반도나 곶이 된다.
사구 바람이 실어 온 모래가 쌓여 이루어진 언덕이다. 사막, 넓은 바닷가, 호숫가 등에서 사구를 볼 수 있다.

내고 있다. 하지만 높은 절벽을 빠르게 깎는 경우를 제외하면, 일반적으로 약간의 퇴적물만을 제공할 뿐이다. 현재 해안 앞바다에서 해변으로 밀려 오는 것은 조개껍데기 조각 외에는 거의 없다. 오늘날에는 오히려 강을 타고 바다까지 실려 오는 충적토가 해변을 살찌우는 데 더 큰 기여를 하고 있다.

일단 바다까지 흘러온 충적토는 연안류의 흐름에 운명을 맡긴다. 연안류는 해변의 진화에서 아주 중요하다. 연안류는 파도가 해안의 경사진 지형에 부딪힐 때 생기는 것으로, 해안을 따라 평행하게 흐른다. 연안류가 흐르는 방향은 파도의 물결 방향에 따라 계절마다 조금씩 바뀔 수 있다. 그리고 이 흐름을 타고 퇴적물인 모래와 자갈도 해변을 따라 이동한다.

연안류가 해변에 모래와 자갈을 실어다 놓는 현상은 날씨가 좋고 파도가 잔잔할수록 더욱 뚜렷하게 나타난다. 하지만 연안류는 모래와 자갈을 가져가 버리기도 한다. 실제로 폭풍우가 칠 때 이는 거센 파도는 연안류가 흐르는 방향을 바꿔 퇴적물을 다른 곳으로 보내 버린다. 만일 이때 바닷물을 위로 밀어 올리는 큰 파도가 일면, 먼 바다로 좁고 빠르게 흐르는 물결이 생겨난다. **이안류**라고 하는 이 물결은 해안에 대하여 수직 방향으로 흐르기 때문에 해수욕객에게 매우 위험하고, 모래와 자갈을 먼 바다로 보내 버린다.

보통 어떤 기간 동안 특정한 해변에 쌓이는 퇴적물의 양과 쓸려 나가는 퇴적물의 양을 각각 구할 수 있다. 그리고 이 값을 별도로 정한 계산 과정에 대입하면 퇴적 예산*이라는 값이 나온다. 만약 퇴적 예산 값이 0이면, 해변은 안정적인 상태다. 또 이 값이 플러스가 나오면 해변은 넓어지고 있는 중이고, 마이너스가 나오면 해변은 줄어들고 있는 것이다. 만일 마이너스 상태가 계속된다면 해변은 사라지고 말 것이다.

일반적으로 해변은 강의 하구나 곶을 그 경계로 하는 **퇴적 구역**에 속한다. 각 퇴적 구역의 길이는 다양하고, 다른 구역과 서로 독립되어 있다. 따라서 구역마다 모래와 자갈이 이동하는 양이나 방향이 다르다. 하지만 동일한 구역의 모든 지점은 서로 밀접하게 연결되어 있다. 만일 어떤 구역에 레저 항을 개발하면, 이는 항구의 하류에 퇴적물이 쌓이는 것을 방해할 수 있다. 즉 퇴적 구역 안에 세운 시설물이 퇴적물의 이동 방향을 바꾸게 되는 것이다.

• • • •

퇴적 예산 이전의 수입과 지출을 계산하여 예산을 짜듯이 퇴적물이 해변으로 들어온 양과 나간 양을 중심으로 해변에 퇴적되는 양을 산출하는 것을 비유적으로 표현한 용어다.

계절은 해변의 모양에 어떤 영향을 끼칠까?

해변은 계절의 변화에 맞춰 모습을 바꾼다. 폭풍우가 치는 겨울에는 높고 강한 파도가 해변의 바위와 모래밭을 깎아 낸다. 이때 파도는 해변과 해변 가장자리의 사구까지 공격한다. 그 결과 조간대는 줄어들고, 조간대에서 떨어져 나온 물질들 중 일부가 해변 앞바다에 둑처럼 쌓여 자연 방파제를 이룬다. 이런 방파제는 해변의 자기 방어 작용이 빚어낸 것으로, 해변이 침식되는 것을 막는 데 도움을 준다.

그런데 다행히도 약하게 이는 여름철 파도는 해변을 깎아 내지 않는다. 이 파도는 겨울 파도와는 달리 앞바다에 쌓여 있는 퇴적물을 해변으로 다시 가져 온다.

겨울철의 거센 폭풍우에 침식된 해변이 회복되려면 몇 년이 걸릴 수도 있다. 간혹 퇴적 예산이 마이너스가 될 경우에는 영원히 회복되지 못하기도 한다. 이렇게 되면 조간대의 높이가 낮아져 바다가 육지 쪽으로 밀려들어 온다. 또 **해안선**도 바다를 따라 육지 쪽으로 이동하게 된다. 이처럼 해안선이 육지를 향해 꾸준히 후퇴하는 현상은 해변의 침식이 멈출 때까지 계속될 것이다. 현재 많은 해변이 이런 상황에 놓여 있다.

2

해변은 어떻게
변하고 있는가?

해변은 언제부터 사라지기 시작했을까?

　세계적인 차원에서 조사해 본 결과, 지구상 해변의 70퍼센트가 침식 상태에 있다고 한다. 나머지 해변도 단 10퍼센트만이 넓어지고 있고, 그 외 20퍼센트는 겨우 안정 상태를 유지하고 있다. 또 프랑스의 경우에는 본토 해변의 약 50퍼센트가 이미 사라지고 있는 중이다. 이처럼 침식되는 해변으로 인해 닥쳐온 위기는 이제 보편적인 현상이라 할 수 있다.

　지금 우리가 이런 해변의 위기를 극복하기 위해 우선 알아야 할 것은 위기의 원인이다. 대개는 자연적인 원인이 먼저 방아쇠 역할을 해 위기를 불러온다. 그리고 거기에 인간의 부주의가 더해져 상황을 악화시킨다.

　최초의 해변은 파도와 연안류가 실어 온 모래와 자갈이 해안에 쌓일 만큼 충분했기 때문에 생겨났다. 하지만 퇴적물이 풍부했던 이 시기가 지나가자 결핍의 시기가 찾아왔고, 결핍은 오늘날까지도 계속되고 있다. 현재 퇴적물의 결핍은 많은 해변들이 겪고 있는 퇴행적 진화의 원인이 되고 있다.

해변의 퇴행 과정에 대한 시나리오는 최근 2만 년 동안 해수면의 높이에 일어난 변화로도 추측할 수 있다. 8만~1만 년 전에 지구는 마지막 대빙하기를 거쳤다. 그 시기에 해수면은 현재보다 약 120미터나 낮았다. 따라서 오늘날의 **대륙붕***은 그 당시 육지였다. 대륙붕에는 빙하나 강을 따라 또는 바람에 실려 온 모래와 자갈이 차곡차곡 쌓였다. 그런데 약 1만 8000년 전부터 기후가 다시 따뜻해지기 시작하자 빙하가 녹고 해수면이 높아졌다. 이렇게 불어난 바닷물은 해변의 퇴적물들을 바다쪽으로 떠밀어 냈다.

해수면의 상승으로 바다가 육지로 밀려드는 **해침** 현상은 약 5000~6000년 전에 끝났다. 이때부터 모래와 자갈이 해안에 다시 쌓이기 시작하면서 현재의 해변이 생긴 것이다.

● ● ●

대륙붕 대륙 주위에 분포하는 극히 완만한 경사의 해저. 대륙붕 끝 부분의 깊이는 100~500미터이며, 평균 깊이는 200미터이다.

하지만 해변에 모래와 자갈이 쌓이는 일이 언제까지나 계속되는 것은 아니다. 이미 오래전부터 해변에 쌓이는 모래와 자갈은 줄기 시작했고, 오히려 쓸려나가는 양은 많아지고 있다. 연안 지대에 퇴적물 결핍의 시기가 찾아온 것이다. 이제 많은 해변들이 최초의 침식이 시작된 이후 약 2000여 년 동안이나 계속되고 있는 퇴적물 결핍 현상 때문에 사라질 위기에 처해 있다.

사람은 어떻게 해변을 공격할까?

그동안 강은 해변에 모래와 자갈을 공급하는 중요한 역할을 해 왔다. 하지만 강에 댐이 세워지기 시작하면서부터 그 역할이 크게 축소되고 있다. 댐은 강을 타고 바다로 실려 가는 충적토의 발목을 잡는 덫이나 다름없다. 충적토가 댐에 걸려 바다로 가지 못하기 때문에 많은 해변에서 퇴적물 결핍 현상이 더욱 심각해지고 있다.

이 사실을 가장 잘 보여 주는 예가 아프리카 토고의 해변이다. 현재 토고의 해변은 전체적으로 약간씩 줄어들고 있는 추세다. 특히 이웃나라인 가나의 볼타 강에 아코솜보 댐이 건설

댐은 모래와 자갈이 바다로 실려 가는 것을 가로막아
해변의 퇴적물 결핍 현상을 더욱 가속화한다.

된 1961년 이후 이런 현상이 더욱 심해졌다. 토고의 해안은 1년에 40미터씩 놀라운 속도로 줄어들고 있어 일부 지역에서는 해안 도로를 두 번이나 육지쪽으로 옮겨야만 했다.

토고만큼 충격적이지는 않지만, 스페인의 지중해 연안에서도 최근 수십 년간 해변 침식이 빨라지고 있다. 이 경우 역시 정부가 20세기 후반부터 실행한 댐 건설 정책과 관련이 있다. 당시 스페인에서는 댐 건설뿐만 아니라 여러 가지 공공사업이 활발해지면서 이를 위한 골재 수요가 급속히 증가했다. 이때부터 해변은 채굴 대상으로 떠올라 사람들에게 시달리기 시작했다.

프랑스 브르타뉴 오디에른 만의 자갈 해변이 그 전형적인 예라 할 수 있다. 2차 세계대전 당시 독일이 대서양 방벽을 세울 때, 이 해변은 대대적인 채굴 중심지였다. 당시 사람들은 이곳에서 무려 100만 톤에 이르는 자갈을 채굴했다. 전쟁이 끝난 뒤에도 이 지역의 건축업자들이 그 뒤를 이어 채굴을 계속했다.

결국 1970년대 말에 가서야 사람들은 위기를 느끼고 파괴적인 채굴을 금지하기에 이른다. 하지만 일은 이미 저질러진 뒤였다. 해변 가장자리를 지켜 주던 예전의 자갈 지대는 흔적만 남았고, 전쟁 전에는 연간 0.5미터에 불과했던 해안의 평균 후퇴 속도가 이제 1미터를 넘는 지경에 이르렀다.

오늘날에는 세계 거의 모든 해변과 사구에서 퇴적물 채굴이 금지되고 있다. 하지만 엄격한 통제 수단이 없기 때문에 여기 저기서 계속되는 무분별한 채굴을 완전히 막지는 못하고 있다. 예를 들어, 아프리카 북서부에 위치한 모리타니의 수도 누악쇼트에 접해 있는 사주도 계속 대량으로 채굴되고 있다. 팽창 중인 도시의 주거 밀집 지역에 건물을 세우는 데 필요한 자재로 사용하기 위해서다. 이 일로 인해 누악쇼트 주변의 사주는 허물어질 위기에 처해 있다. 만약 사주가 허물어진 뒤에 폭풍우라도 닥치면 도시는 바닷물에 잠기고 말 것이다.

한때 바다를 코 앞에 두고 건물을 짓는 것이 유행한 적이 있었다. 1960~1970년대에는 해수욕장의 바닷물에 발을 담근 채 미소짓는 장면을 내건 광고가 인기였다. 그래서인지 지나치게 많은 아파트, 빌라, 산책로들이 사구와 해변 상부에 앞다투어 들어섰다. 이때부터 해변의 사구는 건축물들에게 자리를 내 주며 군데군데 잘려 나갔고, 모래를 저장하는 중요한 기능도 잃어버리게 되었다. 그 결과 해변에서는 점점 더 많은 퇴적물이 쓸려나가기 시작했다. 게다가 이 일로 인해 조간대의 크기가 줄어 해변으로 밀어닥치는 파도의 에너지를 누그러뜨리는 힘도 약해졌다. 이미 침식 단계에 있던 해변은 이 모든 악조건들에 시달리며 그 감소 속도가 더 빨라질 수밖에 없게 되었다.

해변에 들어서는 많은 건축물 중에서 특히 항만 시설은 해안을 따라 고르게 퍼지는 퇴적물의 이동을 심각하게 방해한다. 일단 퇴적물이 부두에 가까운 곳으로 모여들기 때문에 연안류의 흐름에 큰 장애물이 된다. 한편, 부두에서 먼 곳은 모래나 자갈을 공급받지 못해 해변이 사라지기 시작한다. 최근 해안에 레저 항이 많이 들어서면서 이런 현상이 더 심해지고 있다.

프랑스 아키텐 해안의 오스고르 해수욕장과 캅브르통 해수욕장이 그 좋은 예이다. 1974년, 부카로 협로에 모래가 쌓이는 것을 막기 위해 협로의 북쪽에 있는 방파제를 연장시키는 공사가 있었다. 그런데 이 일로 오스고르 해수욕장의 해변이 지나치게 확장되고, 캅브르통 해수욕장의 해변은 1년에 약 1.5미터씩 줄어드는 결과를 낳았다.

이처럼 현재 세계 곳곳에서 일어나는 해변 침식에는 우리가 분명히 알 수 있는 원인이 있다. 하지만 우리는 그런 원인들을 정확히 해결할 수 있는 방법까지는 구하지 못하고 있는 실정이다. 따라서 빠른 시일 안에 이런 현상이 개선되리라고는 기대할 수 없는 형편이다. 만일 앞으로 공기 오염으로 인한 온실 효과 때문에 지구의 평균 기온이 올라 빙하가 녹는다면 해변 침식은 더욱 심해질 것이다.

과학자들은 지금부터 2100년까지, 해수면이 14~80센티미터 (가장 가능성이 큰 값은 44센티미터이다.) 정도 올라갈 것으로 예상하고 있다. 그리고 이런 해수면 상승은 파도를 더욱 공격적으로 만들 것이다. 왜냐하면 해안 가까이의 해수층이 두꺼워지면, 파도가 바다 밑바닥에 부딪혀 그 기세가 누그러지기도 전에 해변에 도착할 확률이 높아지기 때문이다. 이런 파도는 해변에 부딪혀 부서지는 순간까지도 에너지가 거의 흩어지지 않은 상태이다. 만일 이처럼 높은 에너지를 지닌 파도가 조간대에 밀려와서 부딪히면, 그곳에 쌓여 있던 퇴적물들은 먼 바다로 쓸려나가고 말 것이다.

　　과학자들의 예측 모델에 따르면, 앞으로는 지구 온난화 때문에 온대 지방의 대기 순환이 더욱 활발해진다고 한다. 그럴 경우 폭풍우가 더 자주 발생하고, 그 세기도 점점 강해질 것이다. 이런 현상은 열대 지방에서도 마찬가지이다. 바닷물이 따뜻해지면 그 위쪽의 대기 순환이 활발해져 강력한 폭풍우와 태풍도 점점 더 많이 발생하기 때문이다. 이런 폭풍우와 태풍은 해안을 돌이킬 수 없을 정도로 침식시킬 것이므로, 해변의 미래는 몹시 어둡다고 볼 수 있다.

3

사라지는 해변을
어떻게 지킬 것인가?

해변은 어떻게 보호되고 있을까?

그동안 바다의 공격으로부터 해변을 보호하는 일은 기술자들의 몫이었다. 오래전부터 기술자들은 여러 가지 시설물을 지어 해변을 지키고자 했다. 이들이 지은 시설물은 대부분 해변을 침식시키는 주요 원인인 파도와 연안류를 조금이라도 막아 보려는 것이었다. 하지만 최근에는 시설물을 짓지 않는 새로운 대안들이 제시되고 있다.

예컨대 해변에 모래와 자갈을 인공적으로 공급해 해변 침식의 원인이자 결과인 퇴적물 결핍 현상을 개선하는 것이다. 이 방법은 해안의 역동적인 자연 현상에 맞서지 않고 타협하는 것이라 해서 '자연 방식'이라 한다. 과학자와 환경 문제 전문가들이 권장하는 이런 자연 방식은 현재 나날이 높은 신임을 얻고 있다.

사람들이 파도의 정면 공격을 막아 내기 위해 가장 많이 사용해 온 구조물은 해안과 평행하게 설치한 벽돌담과 석재 방벽이다. 처음에는 벽돌로 만든 담이 인기였지만, 요즘에는 석재 블록을 쌓아올린 방벽이 더 인기다. 이 석재 방벽은 가끔 테트라포드˚ 같은 콘크리트 덩어리들로 이루어질 때도 있다.

석재 블록은 몇 가지 장점을 가지고 있다. 가령 블록을 쌓아 올릴 때 배열 방법을 잘 조절하기만 하면 부서지는 파도의 에너지를 흡수해 엄청난 충격에도 잘 버틸 수 있다. 또 토목용 기계로 쌓아 올리기도 쉽다. 게다가 블록의 재료가 되는 암석이 그 지역에서 난 것이라면 주변 풍경과도 잘 어우러진다.

하지만 이미 침식 상태에 놓인 해변에 벽돌담과 석재 방벽을 세우는 것은 별로 도움이 되지 못한다. 물론 벽돌담이나 석재 방벽이 정확한 크기로 세워졌다면, 바로 뒤에 있는 땅은 보호할 수 있을 것이다. 다시 말해 폭풍우가 왔을 때 보호용 시설물 바로 뒤에 있는 부동산 정도는 효과적으로 보호할 수 있다

● ● ●

테트라포드 네 개의 뿔을 가진 모양으로 만든 콘크리트 구조물이다. 방파제 같은 곳에 가면 볼 수 있다.

는 말이다. 그래서인지 해변 가까이에 부동산을 갖고 있는 사람들 사이에서는 벽돌담이나 석재 방벽이 인기를 누리고 있다. 그들은 육지와 바다 사이에서 꼼짝 않고 서 있는 물리적인 장벽들이 자신의 재산을 지켜 주리라 굳게 믿는다.

하지만 그런 믿음에도 불구하고, 벽돌담과 석재 방벽의 단점은 한두 가지가 아니다. 우선 해변에 자리잡은 인공 시설물은 자연이 원래 지니고 있는 아름다움을 파괴한다. 또 이런 시설물들이 차지한 자리만큼 해변의 크기가 줄어들고, 그만큼 사람들이 해변 가까이로 갈 수 있는 공간도 줄어든다. 그리고 무엇보다도 큰 단점은 이런 시설물이 해변 침식을 막아 주기는커녕 오히려 부추길 수도 있다는 사실이다.

실제로 모래 해변에서 조간대와 조간대 가장자리에 있는 사구 사이에 벽돌담이나 석재 방벽을 세우면, 사구가 퇴적물을 저장하는 작용을 제대로 하지 못하게 된다. 게다가 벽돌담과 석재 방벽에 부딪힌 파도가 반사되어 물의 출렁거림과 소용돌이가 커지면 침식 작용이 한층 강화된다.(조간대가 좁아져 파도의 에너지를 분산시키는 힘이 약해졌기 때문에 반사된 파도가 미치는 영향도 그만큼 커진다.) 결국 해변은 밀물만 들어와도 깎여나갈 만큼 연약한 땅이 되어 버린다. 그러므로 현재 바닷가에 있는 건물들을 효과적으로 보호하고 싶다면, 어떤 구조물을 세우는 것이 가장 좋은지부터 알아볼 필요가 있다.

방사제와 방파제로 해변을 지킬 수 있을까?

방사제를 이루는 재료는 말뚝, 석재 블록, 시멘트 등으로 다양하다. 방사제는 해변 앞바다에 해안과 수직 방향으로 설치한다. 이것을 설치하는 목적은 연안류의 흐름에 제동을 걸어 연안류가 실어온 퇴적물의 일부를 내려놓게 하려는 것이다.

침식 상태에 있는 해변에 방사제를 설치하면 해변이 안정되고 높이가 높아질 뿐만 아니라, 넓어지기까지 한다. 하지만 방사제가 보호할 수 있는 범위에 포함되지 못한 곳의 침식을 가속시킨다는 단점이 있다. 방사제가 자신의 보호 구역에 모래와 자갈을 잡아놓는 바람에 다른 곳에서는 이것들이 부족해지기 때문이다. 따라서 퇴적 구역 전체에 걸쳐 방사제를 설치하지 않는다면, 이 방법은 완전한 해결책이 되지 못한다.

방파제는 방사제와는 달리 해안과 평행한 방향으로 설치하는 구조물이다. 이 구조물은 조수의 폭이 크지 않고 수심이 얕은 해안 앞바다에서 주로 볼 수 있다. 파도가 해변에 도달하기 전에 방파제에 먼저 부딪히면, 해변은 파도가 지닌 에너지로 인한 직접적인 충격을 피할 수 있다. 그 결과 해변이 침식되는 정도가 약화된다. 또 방파제 때문에 연안류가 흐르는 속도가 느려지면, 파도가 내려놓는 퇴적물의 양도 어느 정도 늘어나기 때문에 해변이 넓어질 수도 있다. 하지만 방사제의 경우와 마찬가지로, 방파제 너머의 공간에서는 오히려 침식이 더 심해진다.

방파제가 지닌 또 다른 문제점은 방파제 안쪽의 물이 상대적으로 격리된다는 것이다. 근처에 오염원이 있을 경우 이곳은 쉽게 오염될 수밖에 없다. 예를 들어 해수욕장이 있는 해변에 방파제를 설치하면 방파제 안쪽에서는 수질 오염이 심각한 문제로 떠오를 것이다.

최근에 세계 곳곳의 해변에 줄줄이 들어서는 구조물들은 우리에게 심각한 도전이 되고 있다. 바닷가에 무분별하게 건축물들을 짓고, 해변을 지키기 위해 강력한 폭풍우가 불 때마다 구조물을 세우다 보니 도무지 그 끝이 보이지 않고 있다. 프랑스에서만 해도 해변의 구조물들을 모두 이으면 그 길이가 무려 450킬로미터에 이른다고 한다.

2킬로미터에 이르는 모래 해변으로 된 프랑스의 발라스 해수욕장은 이런 현실을 잘 보여 준다. 1982년 11월, 이 해수욕장에 아주 강력한 폭풍우가 찾아왔다. 폭풍우가 치는 동안 해변의 폭이 400미터 정도가 줄어 눈에 띄게 좁아졌고, 해변과 접한 마을에는 큰 홍수가 났다.

이곳 사람들은 우선 가장 위험한 구역부터 보호하기 위해 200미터 길이의 방파제를 세우기로 했다. 그런데 방파제가 들어선 뒤에 너무나도 뻔하지만 결코 마주치고 싶지 않았던 결과가 찾아왔다. 방파제의 보호를 받지 못하는 인근 해변에서 연안류로 인한 해변 침식이 가속화되었다. 사람들은 이를 막기 위해 새로운 방파제를 세 개나 더 세웠다. 하지만 해변을 좀먹는 침식은 멈출 기미가 없었다. 오히려 더 심해지는 듯했다. 결국 방파제를 하나 더 설치하기에 이르렀고, 조금 있다가 방사제도 하나 설치했다.

1997년 12월, 다시 한 번 격렬한 폭풍우가 몰아쳤다. 이 폭풍우는 방파제나 방사제의 보호를 받지 못한 지역에 큰 피해를 입혔다. 이 지역의 해변 도로에 있는 집들이 모두 물에 잠기고 말았던 것이다. 그런데 1982년 폭풍우가 쳤을 때에만 해도 이 집들은 전혀 피해를 입지 않았다. 사람들은 할 수 없이 이 구역을 보호하기 위해 다섯 개의 방파제를 추가로 설치했다. 그리고 방파제 안쪽으로 모래를 다시 채워 놓았다.

지난 30여 년 동안 발라스 해변은 8만 제곱미터가 넘는 땅을 잃었고, 그 와중에 들어간 공사 비용만 해도 약 270만 유로(약

33억 원)에 달했다. 결과적으로 1500미터에 걸쳐 줄줄이 들어선 방파제는 해변이 침식되는 것을 거의 막지 못한 셈이다.

그렇다면 이제 남아 있는 500미터의 해변은 어떻게 보호해야 할까? 계속 같은 정책을 고수해야 할까, 아니면 다른 해결책을 검토해야 할까?

파도를 막는 새로운 해결책은 무엇일까?

이미 오래전부터 구조물을 세워 해변을 보호하는 다양한 기술들이 있었다. 예를 들어 해변 방벽, 방사제, 방파제를 만들 때 석재 대신 원통 모양의 자루를 이용하는 경우도 있다. 지름과 길이가 다양한 이 자루는 토목 섬유°라는 합성 직물로 만든 주머니 속에 모래를 가득 채운 것이다. 이 자루로 방파제나 방사제를 만들면 보다 경제적일 뿐만 아니라, 시각적으로도 덜 위협적인 인상을 준다. 하지만 이 자루는 고의적인 파괴 행위

● ● ● ●

토목 섬유 인공적으로 만드는 토양 구조물을 구성하는 요소이다. 자연 상태의 토양이나 바위 등과 함께 사용된다. 편물, 직물, 부직포 형태로 만든다.

나 자외선에 취약하다는 단점이 있다.

토목 섬유 속에 모래를 채운 이 자루들은 내구력이 약하다는 단점에도 불구하고 보이지 않는 곳에 자주 이용되고 있다. 예를 들어, 바다의 공격에 대한 사구의 저항력을 키워주기 위해 사구의 가운데 부분에 이 자루들을 넣어 보강해 준다. 또 이 자루들로 해변 앞바다 속에 인공 암초를 만들면 멋진 수중 방파제가 된다.

인공적으로 만든 수중 방파제는 파도가 해변에 도달하기 전에 파도의 에너지를 분산시켜 누그러뜨린다. 힘이 약해진 파도는 해변을 그다지 깎아 내지 못하므로, 해변 침식을 어느 정도 막아 준다. 또 이 방파제의 크기와 모양을 잘 조절하면 서핑하기에 좋은 파도를 만들어 낼 수도 있다.

가끔 제안되고 있는 또 하나의 새로운 방법은 해변에 있는 대수층˚을 활용하는 것이다. 보통 대수층의 지하수면˚이 낮아지면 그 속으로 바닷물이 스며들고, 그 결과 바닷물이 퇴적물

● ● ●

대수층 지하수가 있는 지층. 물이 포화 상태에 있으므로 상당한 양의 물을 산출할 수 있다.
지하수면 땅속의 대수층 표면. 이 속의 물은 지표수와 같은 중력의 영향을 받기 때문에 매우 느리게 흐르고 있다.

을 끌고 가는 힘이 약해지게 된다.

부서지는 파도가 물을 앞으로 내던질 때 생기는 **전진파**는 조
간대 위로 올라가기 때문에 속도가 점점 느려져 모래나 자갈을
내려놓는다. 그에 반해, 물이 조간대 아래로 내려갈 때 생기는
후진파는 빠른 속도로 모래나 자갈을 쓸어가 버린다. 이때 후진
파가 쓸어 가는 모래나 자갈의 양이 전진파가 가져다 주는 양
보다 적으면, 해변의 지형이 높아지게 된다. 또 이런 현상이 심
해지면 해변이 더 넓어지기까지 한다. 결국 해변이 침식당하지
않게 하려면 후진파의 속도를 늦추어야 한다.

그런데 해변에 있는 대수층의 지하수면을 인공적으로 낮추
어 바닷물이 이곳으로 스며들게 하면 후진파가 느려지게 할 수
있다. 이것을 위해서는 지하수를 관정으로 모아 주는 배관망을
땅속에 설치하고, 관정에 모인 물을 펌프질을 통해 바다로 보
내면 된다.

이 작업의 장점은 해안의 자연 풍경을 인공적으로 바꾸지
않아도 된다는 것이다. 하지만 강한 폭풍우가 불어 닥치면 시
설이 쉽게 훼손될 수 있고, 갑작스러운 시설 훼손은 조간대를
크게 침식시킬 것이다. 게다가 이 방법은 어디에나 적용할 수
있는 것이 아니다. 해변 아래에 투수성 암석(대수층)이 있다는
것을 전제로 하기 때문이다. 프랑스에서는 1999년 방데 지방의

한 해변에서 이 방법을 사용해 300미터 길이의 해변이 안정되었다. 이후 비슷한 길이의 다른 해변에서도 이 방법이 확대 적용되고 있다.

모자란 퇴적물을 어떻게 보충해야 할까?

해변에 있는 사구는 일종의 모래 창고라 할 수 있다. 이 모래 창고는 해변이 침식되어 사라지는 것을 막아 준다. 따라서 해변을 보호하기 위해 사구를 활용하는 것은 아주 바람직한 방법이다.

우리가 사구를 활용하려면 소멸된 사구를 다시 만들어야 하고, 훼손된 곳을 복구해야 한다. 그리고 아직 손상되지 않은 사구는 잘 보전해야 한다. 이런 방법의 가장 큰 장점은 인간이 자연적인 현상을 강화시키는 수준에서만 개입한다는 것이다. 이른바 '생태 공학'적인 방법이라 할 수 있다.

최근 수십 년간 주로 사용된 대표적인 생태 공학적인 방법에는 다음과 같은 것들이 있다. 우선 해변의 모래가 바람을 타고 날아가는 것을 막기 위해 바람막이(그물, 나뭇단, 나무 울타리)를 설치하는 것이다. 또 해변에 사방용 식물을 심는 방법도

해변에 사방용 식물을 심으면 모래가 쓸려 나가는 것을 막을 수 있다.

있다. 사방용 식물은 생장에 모래를 필요로 하기 때문에 토사가 유출되는 것을 막아 준다. 그런데 이런 친환경적인 방법들에도 한계는 있다. 곧 이 방법들도 해변과 사구에 새로운 퇴적물을 공급하는 것은 아니기 때문에 임시방편에 불과하다는 것이다.

해변이 침식되는 가장 근본적인 원인은 해변에 쌓이는 퇴적물이 모자라기 때문이다. 그렇다면 이 문제를 해결하는 최상의 방법은 모래나 자갈을 인공적으로 공급해 사라지는 해변을 보충하는 것이다. 이런 방법은 해변이 유지되도록 해 줄 뿐만 아니라, 해변의 자연 풍경을 그대로 보존할 수 있는 가장 좋은 방법이다.

여기서 중요한 것은 모래나 자갈로 활용 가능한 골재나 지층이 가까운 곳에 있는가 하는 것이다.(해변은 계속 깎여 나가므로, 그에 대한 주기적인 재충전이 필요하다.) 그리고 이때 재충전되는 퇴적물의 크기가 해변에 원래 있는 퇴적물과 비슷한가도 중요하다. 원래 퇴적물보다 더 작은 크기의 퇴적물은 물결에 금방 실려가 버린다. 반면에, 더 큰 것은 해변의 경사가 커지게 해 문제를 만든다. 해변의 경사가 커지면 이곳에 부딪힌 파도가 반사되는 정도도 커져 퇴적물이 쉽게 쓸려 나가기 때문이다.

모래나 자갈을 퍼 올 창고는 수심 20미터 이상의 바다에 있는 지층이 좋다. 이런 지층은 해안 가까이에서 이는 파도의 운동에 영향을 받지 않기 때문에 이 지층을 이루는 골재들은 거의 움직이지 않는다. 따라서 해변의 퇴적 예산에도 영향을 미치지 않는다. 게다가 이 지층에서는 모래와 자갈을 퍼내 운반하기도 쉽다. 이동식 준설기*로 모래와 자갈을 빨아들인 다음, 수중 도관을 통해 해안 쪽으로 내보내기만 하면 된다. 육상 채석장을 이용할 때에는 기계로 골재들을 캐내 트럭으로 운반하면서 여러 가지 공해를 일으키기도 하는데, 이 방법을 이용하면 그런 문제가 없다.

모래 충전 작업은 생태계에 어떤 영향을 미칠까?

해저 지층에서 캐낸 퇴적물로 해변을 인공적으로 넓히는 일에도 문제는 있다. 바다 밑바닥에 사는 생물인 **저생생물**° 전체에 돌이킬 수 없는 피해를 줄 수 있기 때문이다. 아무래도 모래

• • •

이동식 준설기 물속의 흙이나 모래 따위를 파내는 데 쓰는 기계이다.

와 자갈을 얻기 위해 해안 앞바다를 파헤치다 보면 그곳에 사는 생물의 서식지를 훼손시킬 수밖에 없다. 다행히도 관찰 결과에 따르면, 이곳 생물의 서식지는 상당히 빠르게 회복된다고 한다. 하지만 그 과정에서 종의 개체군 구성과 개체들의 크기가 바뀌는 경우가 많다.

지중해 연안의 얕은 수심에는 꽃을 피워 종자로 번식하는 포시도니아가 무리 지어 살고 있다. 이곳은 현재 많은 해양 동물들의 **산란장**과 신생아실로서 중요한 역할을 하기 때문에 행정적인 보호를 받고 있다. 포시도니아 지대는 수심 30~40미터까지 확장될 수 있다. 따라서 포시도니아가 살고 있는 곳에서는 해안에서 멀리 떨어져 퇴적물을 채굴해야 한다. 물론 그 만큼 모래 충전 작업의 비용은 커지게 된다.

모래 충전 작업은 조간대에 살고 있는 동물들에게도 영향을 미칠 수 있다. 미국의 플로리다 해변에서 대규모로 모래 충전 작업을 할 때 산란기에 있는 거북에게 영향을 미칠지도 모른다는 우려가 제기되었다. 모래의 밀도가 달라지면 거북에게 피해

● ● ●

저생생물 바다, 늪, 하천, 호수 밑바닥에서 사는 생물을 통틀어 일컫는 말이다. 저생동물로는 혼합, 말미잘, 갯지렁이류, 조개삿갓 등이 있고, 저생식물로는 가래, 거머리말, 말무리, 솔이끼무리 등이 있다.

를 주지 않을까 하는 것이 가장 큰 걱정이었다. 하지만 모래 충전 작업으로 거북에게 중요한 조간대의 건조한 부분이 넓어진 다는 사실이 확인되면서 그런 걱정은 사라졌다.

요컨대 해변에 인공적으로 퇴적물을 공급하는 방법은 일부 제한된 조건 아래에서는 최상의 처방이 될 수 있다. 여기서 제한된 조건이란 주변에 모래를 가져올 만한 자연 환경이 마련되고, 또 이 작업이 사회경제적으로 정당한 목적을 가질 경우를 말한다. 만일 이 작업이 관광 산업을 촉진시키게 되면 더 큰 환영을 받을 것이다.

선진국들은 해변을 어떻게 지키고 있을까?

현재 선진국에서는 해변이 줄어드는 것을 막기 위해 모래나 자갈을 공급하는 방법을 주로 사용하고 있다. 특히 이 방법은 해변에 석재 구조물을 설치하는 것을 금하고 있는 미국[*]에서

• • •

석재 구조물 설치 금지 미국 메인 주와 북캘리포니아 주 같은 몇몇 주에서는 해변에 석재 구조물을 세우지 못하도록 법으로 금하고 있다.

환영받고 있다.

　미국의 경우, 1950년에서 1990년 사이에 대서양 연안을 중심으로 700킬로미터 이상의 해안에서 모래 충전 작업을 벌였다. 네덜란드에서도 침식 중에 있는 해변을 '역동적으로 보호' 하기로 결정한 1990년부터 거의 전 해안에 이 방법을 적용해 왔다. 그때부터 해마다 수심 20미터 이상의 바다에서 채취한 600~700만 세제곱미터의 모래를 해안에 쏟아 붓고 있다. 2500~3000만 유로(약 304~365억 원)의 비용을 들이면서 말이다.

　프랑스는 지금까지 모래 충전 작업에 소극적이었다. 하지만 샤랑트마리팀 지방의 샤틀라이옹 해변만은 모래 충전으로 성공한 좋은 예라 할 수 있다. 이 해수욕장은 19세기 후반부터 침식 상태에 있는 해안에서 발전한 곳이다. 그런데 20세기 초가 되기도 전에 점점 심해지는 해변 침식을 막기 위해 정면 방파제를 세워야만 했다. 그러나 해변 침식은 오히려 더 심해졌고, 추가로 방사제까지 설치했는데도 아무 소용이 없었다.

　결국 1970년대에 들어서자 샤틀라이옹 해변은 밀물이 들면 사라질 정도로 깎여 나가고 말았다. 게다가 방파제까지 파괴될 위험에 놓여 이를 보호하기 위한 석재 구조물을 따로 설치해야 했다. 해변을 지키려는 방어 작업이 완전히 실패한 것이다. 이처럼 해변이 사라져 가자 해수욕장을 찾던 피서객들의 발길도 뜸해졌다. 해변의 위기가 지역 경제의 위기로 이어진 것이다.

1990년대 초가 되자, 샤틀라이옹 해변 사람들은 지역 경제를 살리기 위해 해변을 되살리기로 했다. 그들은 해변에 퇴적물을 인공적으로 공급하는 일부터 시작했다. 우선 바다에서 채취한 33만 세제곱미터의 모래를 쏟아 부어 1200미터의 해변을 다시 만들었다. 미터당 3200유로(약 389만 원)의 비용을 들인 이 작업으로 원래 해변의 절반 정도가 회복되었다.

몇 년 후, 샤틀라이옹에서는 600미터의 해변을 추가로 복원하기 위한 작업이 진행되었다. 이때에는 근처 여러 도시에서 퇴적물 채취에 도움을 주었기 때문에 미터당 약 1700유로(약 206만 원)라는 최소한의 비용이 들어갔다. 모두 1800미터에 이르는 해변에 모래 충전하는 데 500만 유로(약 61억 원) 가까이의 비용이 들어간 셈이다.

그리고 이렇게 인공적으로 회복한 해변을 유지하려면 또 다른 노력이 필요하다. 일단 연안류를 타고 수시로 레저 항의 부두까지 쓸려 가는 해변의 모래를 수시로 되찾아 와야 한다. 이 작업에는 1년에 3만~7만 5000유로(약 3651~9127만 원)의 비용이 들어간다.

어쨌든 샤틀라이옹 해변은 아름다운 모습을 되찾았고, 1984년에 4000명에 불과했던 관광객 수가 2000년에는 4만 4000명으로 늘어나 관광지로서의 명성도 회복했다. 그런데 이곳 사람들이 해변을 되찾으면서 누리게 된 행운이 또 하나 있다. 1999년 12월, 거센 폭풍우가 찾아왔을 때 넓어진 해변이 엄청난 파도 에너지를 흡수해 주었던 것이다. 덕분에 해변 도로와 건축물들은 아무런 피해도 입지 않았다.

4

어떻게 **해변과**
조화를 이루며 살 것인가?

어떻게 해변을 살찌울까?

현재 세계 곳곳의 많은 해변들이 심각한 침식 위기에 처해 있다. 이 상황을 타개하려면 구조물을 설치하거나 모래 충전 작업을 해야 하는데, 무엇보다 이를 위한 경제적인 조건과 기술적인 능력 확보가 시급하다. 하지만 이런 것들만이 우리가 해결해야 할 문제의 전부는 아니다. 가까스로 지켜 낸 해변을 제대로 보존하려면 보존을 깨뜨리는 한계 조건을 제대로 알고, 그것을 피해가는 것도 중요하다.

사실 해변을 지키려면 대부분의 해변이 겪고 있는 퇴적물 결핍 문제부터 해결해야 할 것이다. 하지만 그렇다고 해서 모래와 자갈이 해변까지 실려오는 길을 가로막는 댐을 모두 없앨 수는 없는 노릇이다. 다만 모래와 자갈의 공급을 방해하는 일부 시설이나 활동을 줄일 수는 있다.

1960년대 이후 갑자기 늘어난 레저 항은 해변에 퇴적물을 고르게 흩어 놓는 연안류를 방해하는 주요 원인이다. 레저 항의 부두를 중심으로 한쪽에는 퇴적물이 쌓이고, 다른 쪽에는 퇴적물이 침식되는 현상이 생기고 있다. '바이패스(By-pass)'는 이런 문제를 개선하기 위해 개발된 시스템이다. 이 시스템은 펌프질로 모래와 물의 혼합물을 한쪽에서 다른 쪽으로 보내는 기술적인 작업 과정이다. 정체된 퇴적물이 순환할 수 있는 길을 인공적으로 만들어 주는 것이다. 현재 이 방법은 미국을 비롯한 여러 나라에서 널리 사용되고 있다.

하지만 프랑스 랑드 지방의 캅브르통 해변은 바이패스 시스템을 사용하지 않아 실패한 사례 중 하나다. 이곳 사람들은 일찍이 해변에 값비싼 석재 구조물을 설치했지만, 그다지 큰 효과를 보지 못했다. 해변은 계속 침식되어 사라져 갔고, 해변 도로의 건물만 간신히 보호할 수 있었다. 만일 바이패스와 같은 시스템을 좀 더 일찍 사용했더라면 해변을 보존할 수 있었을 것이고, 값비싼 석재 구조물은 설치하지 않아도 됐을 것이다.

요즈음은 많은 나라에서 조간대 주변의 사구에서 모래를 채취하는 것을 금하고 있다. 사구는 해변의 모래 창고이기 때문이다. 그런데 관광지의 해변에서는 바다에서 밀려온 자연 부유

물이나 쓰레기를 치우는 기계가 상당한 양의 모래도 함께 쓸어가 버리고 있다. 그런 점에서 볼 때, 수작업으로 해변 청소를 하는 지방 자치 단체에 대해서는 보조금을 지원해 주는 것도 좋은 방법이다.

수작업 청소는 해변의 동식물에게 필요한 영양분이 되는 유기물 잔해를 보존할 수 있는 좋은 방법이기도 하다. 유기물 잔해는 해변 상부에서 모래 개밀˙이 잘 자라도록 해 준다. 모래 개밀과 같은 해변 식물은 뿌리로 사구의 모래를 움켜잡음으로써 모래톱을 형성해 해변을 지키는 데 아주 중요한 역할을 한다.

1999년 유조선 에리카호가 침몰되어 프랑스의 브르타뉴 해안을 오염시킨 일이 있었다. 이로 인해 25만 톤의 폐기물이 수거되었는데, 그 가운데 20톤이 넘는 양이 모래와 자갈이었다. 이 작업으로 브르타뉴 해변은 큰 타격을 입었고, 청소부들이 계속 밟아 대는 바람에 사구도 불안정해졌다.

열대 지방 관광지에서는 오로지 관광객들의 편의를 위해 해

● ● ● ●

모래 개밀 모래 해안에 자라며, 작은 이삭이 달리는 벼과의 식물이다. 땅속으로 뿌리줄기가 자라기 때문에 모래 언덕을 지지해주는 역할을 한다.

변에 널려 있는 산호 조각들을 치운다. 하지만 갈퀴 따위로 산호 조각을 깨끗이 긁어 내는 이 작업은 해변에 결코 이롭지 않다. 차라리 산호 조각들을 그 자리에 깊숙이 묻어 해변의 퇴적물로 비축하는 것이 좋다.

해변을 지킬 수 있는 진정한 해결책은 무엇일까?

해변의 퇴적물 결핍을 미리 막는 활동만으로는 해변을 지킬 수 없다. 사라질 위기에 처해 있거나 사회경제적으로 중요한 가치를 지닌 해변에 대해서는 좀 더 적극적인 조치가 필요하다. 예컨대, 퇴적물의 대량 공급 같은 것 말이다. 몇몇 나라에서는 이미 대대적인 차원에서 이런 작업을 실시하고 있다.

프랑스에서는 1960년대부터 사주에 해수욕장을 무분별하게 개발해 온 랑그도크 해안이 심각한 해변 침식으로 인해 퇴적물 공급이 절실한 상태에 이르렀다. 그래서 서부 지중해 유럽의 상호 협력 프로젝트 차원에서, 이곳 해변을 지키는 데 필요한 퇴적물을 채취할 해저 지층을 찾는 연구가 진행 중이다. 현재 지중해의 리옹 만에 있는 두 곳이 퇴적물을 채취하기에 적당한 장소로 생각되고 있다. 한 곳은 수심 30~45미터에 있는 너비 7킬로미터, 길이 10킬로미터 규모의 지층이다. 또 다른 곳은 수심 약 100미터의 대륙붕 가장자리에 있는 너비 5킬로미터, 길이 10킬로미터 규모의 지층이다.

반복해서 강조하건대, 퇴적물 결핍 위기에서 해변을 구하는 가장 확실한 길은 해변 앞바다에서 채취한 모래와 자갈을 공급하는 것이다. 이 방법만이 자연적인 상태에서 해변을 보존할 수 있는 유일하고도 진정한 해결책이라 할 수 있다. 그런데 이 작업이 전세계의 모든 해안에 확대되려면 각국 정부의 적극적인 노력이 필요하다.

해변은 왜 자유로운 공간을 필요로 할까?

해변이 자유롭게 진화하려면, 그 가장자리 땅에 자연 상태로 남아 있는 공간이 필요하다. 해변에서 육지 쪽으로 충분히 넓은 모래땅이 있을 경우, 해변이 침식되어 후퇴할 수는 있어도 영원히 사라지지는 않는다.

프랑스 아키텐 해안의 해변들이 그런 경우에 해당된다. 넓은 사구와 맞닿아 있는 이 해변은 갈로로만 시대* 이후로 빠르게 줄어들고 있지만, 아주 사라지지는 않았다. 그곳에 문제가 생기기 시작한 것은 해안에서 수 킬로미터 떨어져 있는 도시들이 관광 산업의 발전으로 크게 성장하면서부터이다. 지역 주민들이 몰려오는 관광객을 유치하기 위해 침식 상태에 있는 해안을 해수욕장으로 개발했기 때문이다.

프랑스 랑그도크 연안에 있는 사주도 마찬가지다. 그곳은 지난 몇 세기 동안 마치 육지 쪽으로 굴러가듯이 움직여 왔다. 이 사실은 18세기 후반에 제작된 카시니 지도°에 나타난 마글론 사주의 위치를 현재와 비교해 보면 쉽게 확인된다. 마글론 사주는 500미터 이상의 거리에 걸쳐 이동했는데, 그렇다고 해서 사라진 것은 아니었다. 자연 그대로 두었더라면 문제가 없었을 해변이 도시화에 따른 개발로 엄청난 변화를 겪은 것이다.

랑그도크에서 해변이 점차 사라지고 있는 것은 무분별한 개발이 낳은 당연한 결과였다. 관광 휴양지 개발은 사주가 아닌, 석호°의 육지 쪽 연안에서 이루어졌어야 했다. 그랬더라면 사

● ● ●

갈로로만 시대 갈리아(고대 유럽의 켈트 인이 살던 지역으로, 현재의 프랑스, 벨기에 전 지역과 이탈리아 북부, 네덜란드 남부, 독일의 라인강 유역, 스위스의 대부분을 포함한다.)가 로마의 지배 아래 있던 기원전 50년 무렵부터 기원후 5세기까지를 말한다.
카시니 지도 1793년 카시니 부자(夫子)가 제작한 프랑스 최초의 현대적 지도.

주가 그토록 쉽게 육지 쪽으로 밀리지 않았을 것이다.

프랑스의 해안에서는 어디를 가나 랑그도크 해변과 비슷한 경우를 발견할 수 있다. 이런 해변에는 대부분 바닷가를 따라 자리 잡은 주거 밀집 지역이 있고, 바다가 아찔하게 내려다 보이는 방파제 산책로가 있다. 그런데 이 산책로는 대개 사구가 있던 곳에 나 있다. 모래를 대 주던 사구가 사라졌으니 해변이 사라지는 것도 놀랄 일은 아니지 않은가?

왜 더 이상 해변을 개발하면 안 되는 걸까?

사라지고 있는 해변 가까이에 자리 잡으려 했던 것이 우리의 크나큰 실수였다. 우리는 바다와 어느 정도 거리를 두어야 하는 원칙을 지키지 않았다. 하지만 이제라도 늦지 않았다. 아직 개발되지 않은 채 남아 있는 해안을 지키려면 이 원칙부터 지키는 게 좋겠다. 현재 세계 각국에서는 이를 위해 법적 · 행

• • •

석호 바다와는 사주로 격리되어 해안 가까이에 생겨난 호수이다. 지하를 통해 바닷물이 스며들기 때문에 염분 농도가 높다.

해변을 지키려면 바다 가까운 곳에 건축물을 세우지 말아야 한다.

정적 조치를 시행 중이다.

1986년에 제정된 프랑스의 연안법에서는 이미 도시화된 곳을 제외하고, 해안 경계선에서 육지 쪽으로 100미터까지는 건축 금지 구역으로 정하고 있다. 특히 해변이 매년 약 1미터씩 줄어들고 있는 지롱드 해안에서는 해변에서 육지 쪽으로 500미터까지 건축 금지 구역이다. 이것으로도 모자라 1995년에는 앞으로 100년 동안 해안의 후퇴로 바다에 침식될 가능성이 있는 모든 지역에서 건축을 금하는 법도 만들었다.

그런데 앞으로 수십 년 뒤에 해안선이 자리 잡게 될 위치를 예상할 수 있을까? 이것은 의외로 간단하다. 우선 과거에 해안선이 변화해 온 과정을 문서와 지도, 항공 사진을 이용해 분석해 본다. 그리고 이 자료들을 바탕으로 미래의 해안선을 예측하면 된다.

보다 적극적으로 해안선의 후퇴를 막으려면 국가가 나서서 해안의 토지를 사들일 필요가 있다. 그리고 자연 현상 때문에 침식이 일어나는 해변은 그냥 내버려두어야 한다. 또 파도를 막기 위해 세웠으나 오히려 침식의 원인이 되는 구조물은 과감히 해체할 필요가 있다. 물론 이 일로 인해 국가가 소유하고 있는 땅을 잃게 될 수도 있다. 하지만 이것은 자연 상태를 훼손하지 않고 모래나 자갈을 재충전할 필요도 없이 해변을 보존하는 가장 좋은 방법이다.

요컨대, 침식당해 사라질 위기에 놓인 해변의 아름다움을 지키려면 다음 두 가지 중 하나를 실천해야 한다. 이미 무분별하게 시설물을 지어 개발한 해변이라면 시기적절하게 이곳에 퇴적물을 공급해 준다. 하지만 아직 자연 상태로 남아 있는 해변이라면 사회경제적으로 손해를 보더라도 무분별한 개발의 손길을 뻗치지 말아야 한다.

우리는 해변이 영원히 사라지는 것보다 더 큰 손해가 없다는 사실을 깨달아야 한다. 너도나도 앞 다투어 바닷가의 아름다운 경치를 소유하려 드는 순간부터 해변은 사라지기 시작한다. 따라서 해변이 정말로 사라져 버리기 전에 그것을 있는 그대로 두는 법부터 배워야 할 것이다. 꼭 해변을 위해 무언가 하고 싶다면 필요할 때마다 퇴적물을 공급해 주면 된다. 이것은 요즈음 다음 세대를 위해 추구하고 있는 지속 가능한 개발*에도 충실한 방법이다.

●●●

지속 가능한 개발 1970년대에 IIED(환경과 개발을 위한 국제 기구)의 설립자인 워드가 처음 사용한 용어이다. 나중에 세계 환경 개발 위원회가 '지속 가능한 개발'이란 다음 세대가 필요로 하는 여건을 훼손하지 않고 현 세대의 욕구에 부응하는 수준으로 개발하는 것이라고 공식적으로 정의했다.

더 읽어 볼 책들

- 고철환, 『한국의 갯벌』(서울대학교 출판부, 2001).

- 전효택 외, 『환경지질학』(서울대학교 출판부, 1998).

- 어네스트 지브로스키, 이전희 옮김, 『잠 못 이루는 행성』(들녘, 2002).

- 우다 다카아키, 안희도 옮김, 『해안 실태와 해결책』(과학기술, 2006).

- 자크베르니에, 전미연 옮김, 『환경』(한길사, 1999).

- 제임스 트레필, 이한음 옮김, 『해변의 과학자들』(지호, 2001).

옮긴이 | 김성희

부산대 불어교육과 및 동대학원을 졸업했으며 현재 전문 번역가로 활동 중이다.

민음 바칼로레아 53
해변이 정말로 사라지고 있을까?

2판 1쇄 펴냄 2021년 3월 30일
2판 5쇄 펴냄 2024년 8월 8일

1판 1쇄 펴냄 2007년 4월 12일

지은이 | 롤랑 파스코프
감수자 | 전효택
옮긴이 | 김성희
발행인 | 박근섭
펴낸곳 | ㈜민음인

출판등록 | 2009. 10. 8 (제2009-000273호)
주소 | 06027 서울 강남구 도산대로 1길 62 강남출판문화센터 5층
전화 | 영업부 515-2000 **편집부** 3446-8774 **팩시밀리** 515-2007
홈페이지 | minumin.minumsa.com

도서 파본 등의 이유로 반송이 필요할 경우에는 구매처에서 교환하시고
출판사 교환이 필요할 경우에는 아래 주소로 반송 사유를 적어 도서와 함께 보내주세요.
06027 서울 강남구 도산대로 1길 62 강남출판문화센터 6층 민음인 마케팅부

한국어판 © (주)민음인, 2007. Printed in Seoul, Korea
ISBN 979 11-5888-815-2 04000
ISBN 979 11-5888-823-7 04000(set)

㈜민음인은 민음사 출판 그룹의 자회사입니다.